DK

Un livre de Dorling Kindersley

Direction éditoriale : Djinn von Noorden
Direction artistique : Ingrid Mason
Responsable artistique : Susan St. Louis
Fabrication : Ruth Cobb

© 1994 Dorling Kindersley Limited
© Éditions Nathan (Paris-France), 1994, pour le texte français.
ISBN 0-590-24358-6
Titre original : The Lifesize Animal Counting Book
Édition originale publiée en 1994 en Angleterre par
Dorling Kindersley Limited.
Exclusivité en Amérique du Nord : Les éditions Scholastic,
123, Newkirk Road, Richmond Hill (Ontario) Canada L4C 3G5.
4321   Imprimé en Italie   456/9

Comptons
les animaux
grandeur nature

Les éditions Scholastic

1
un

Un gorille gourmand

2

deux

Deux chats
moustachus

3
trois

Trois chiots
coquins

4

quatre

Quatre tortues paresseuses

5
cinq

Cinq chouettes étonnées

6

six

Six chatons mignons

7
sept

Sept lapins câlins

8
huit

Huit canards bavards

9
neuf

Neuf cochons d'Inde malins

10
dix

Une maman poule
et ses neuf poussins.
Ça fait
dix !

20
vingt

Vingt papillons
de toutes les couleurs

100
cent

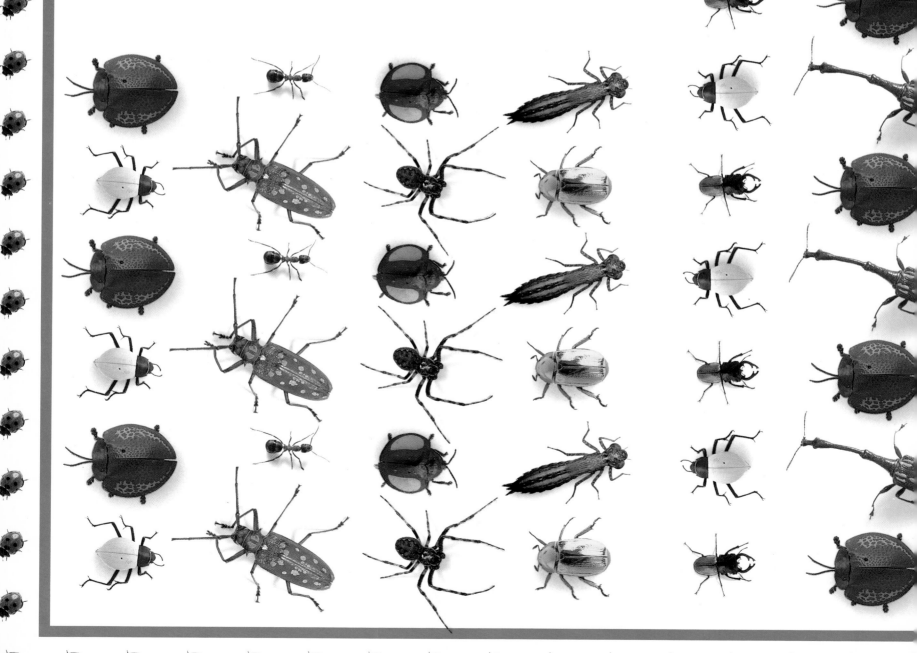

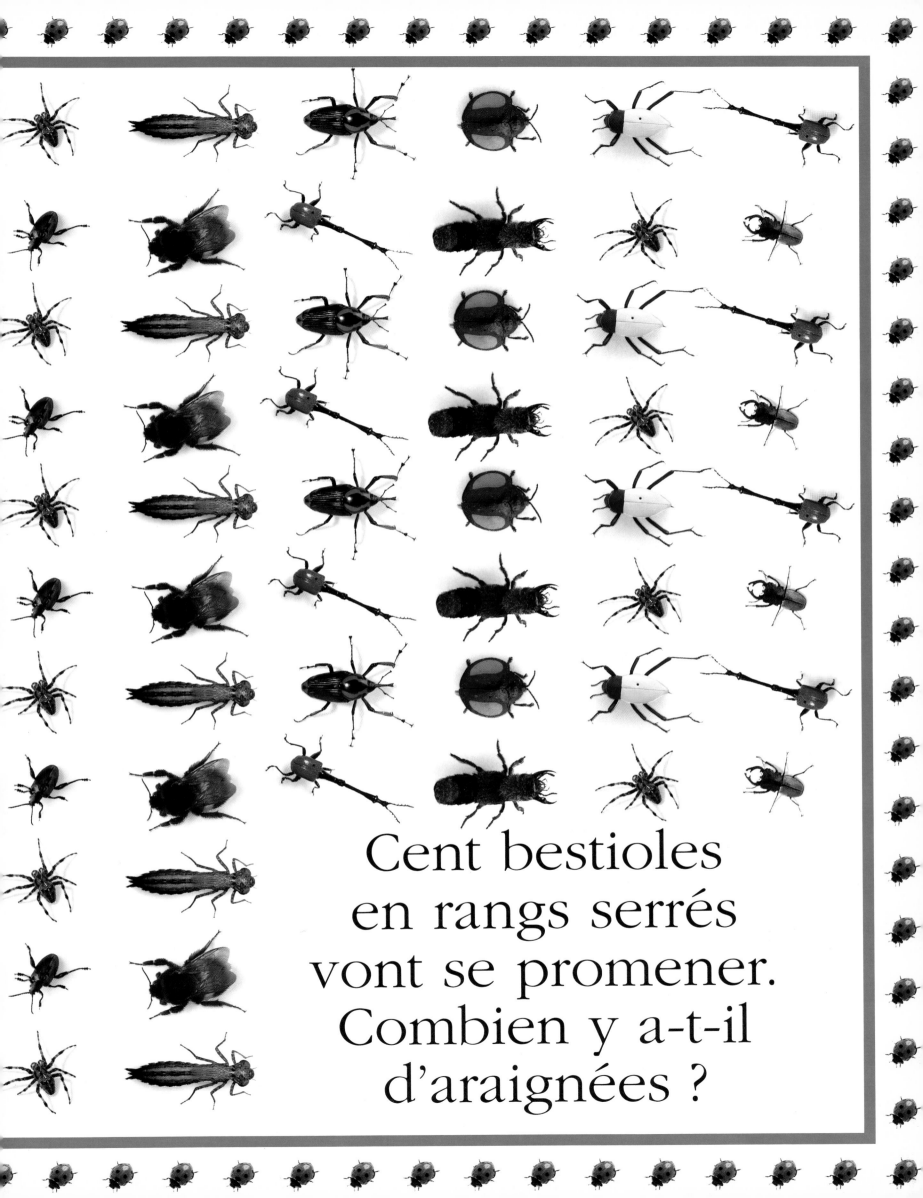

Cent bestioles
en rangs serrés
vont se promener.
Combien y a-t-il
d'araignées ?